Lern mit für den Übertritt an weiterführende Schulen

Grammatik

von Birgit Fuchs

Illustrationen von Peter Pfeiffer
Gestaltung von Christopher Breu

Tessloff Verlag

Konkrete und abstrakte Namenwörter

Du kennst zwei Arten von Namenwörtern. Konkrete Namenwörter bezeichnen Dinge, die man sehen und anfassen kann. Abstrakte Namenwörter drücken oftmals Gefühle aus.

Finde je 4 Beispiele für konkrete und abstrakte Namenwörter.

Konkrete Namenwörter

....

Abstrakte Namenwörter

....

Namenwörter können in der Einzahl (Singular) und / oder in der Mehrzahl (Plural) stehen. Manche NW gibt es nur in der Einzahl oder in der Mehrzahl, z. B. das Obst, die Leute.

Ergänze in der Tabelle, was fehlt.

Einzahl	Mehrzahl	Einzahl	Mehrzahl
die Angst		das Zeugnis	
	die Bahnen		die Ziele
der Blick		der Schlüssel	
	die Späße		die Sträuße
das Gefühl		der Schreck	
	die Flüsse		die Schalter
das Gewitter		der Verein	

Namenwörter und ihre Begleiter

Begleiter (Artikel) werden auch Geschlechtswörter genannt, weil sie das Geschlecht des Namenwortes angeben. Es gibt bestimmte und unbestimmte Begleiter.

Beispiel:

Geschlecht	männlich	weiblich	sächlich
Bestimmter Begleiter Unbestimmter Begleiter	der ein	die eine	das ein

Namenwörter und ihre Endungen

**Namenwörter haben unterschiedliche Endungen, z. B. -keit, -heit, -ung, -er, -ation, -en ...
Die Endungen sind wichtig, wenn du Namenwörter von anderen Wortarten herleiten sollst.**

Verwandle diese Wörter in Namenwörter. Denke an die Begleiter.

hoffen ⇒ *die Hoffnung*

neu ⇒ ....

wirklich ⇒ ....

führen ⇒ ....

informieren ⇒ ....

erwarten ⇒ ....

Namenwörter als Sammelnamen (Oberbegriffe)

Sammelnamen sind Oberbegriffe für Namenwörter, die alle zu einer Gruppe gehören.

Welche zwei Wörter gehören jeweils nicht zu diesen Gruppen? Streiche sie durch.

Turnschuhe
Sandalen
Wollsocken
Gummistiefel
Pantoffel
Gürtel
Hausschuhe
Wanderschuhe
Sammelname:
....

Krabbe
Wal
Zebra
Elefant
Karpfen
Hai
Seepferdchen
Delfin
Sammelname:
....

Finde Wörter zu folgenden Sammelnamen

Sportzubehör: ....

....

Gefühle: ....

....

Bremse
Moskito
Mücke
Schnake
Stechmücke

Namenwörter und Zahlwörter

Zahlwörter tauchen häufig neben Namenwörtern auf oder ersetzen sie. Es gibt bestimmte und unbestimmte Zahlwörter.

Unterstreiche in folgenden Sätzen jeweils die Zahlwörter. Trage sie dann in die Tabelle ein.

Hole bitte ein paar Äpfel aus dem Keller! Vier sind schon etwas mehlig. Viele Lebensmittel vertragen die Wärme nicht. Alle Verwandten haben eine oder sogar mehrere Gefriertruhen. Bevor uns nachher einige Freunde besuchen, räumst du dieses Paar Schuhe von der Treppe weg. Anschließend kannst du die wenigen noch blühenden Rosen im Garten abschneiden. Die Nachbarn haben noch ein Dutzend davon. Schöne bunte Farbtupfer können nicht schaden.

bestimmte Zahlwörter	unbestimmte Zahlwörter
....	....
....	....
....	....
....	....
....	....
....	....
....	....
....	....

Trage auch noch diese Zahlwörter in die Tabelle ein:
zahlreich, unzählige, hundertzehn

Zusammengesetzte Namenwörter

Namenwörter können folgendermaßen zusammengesetzt werden:
Namenwort + Namenwort (NW + NW)
Zeitwort + Namenwort (ZW + NW)
Eigenschaftswort + Namenwort (EW + NW)

Beispiel:

die Enten + der Teich = der Ententeich (NW + NW)

Finde heraus, aus welchen Wortarten sich folgende NW zusammensetzen.

Großtante *groß + die Tante (EW + NW)*

Schreibtisch ....

Kühltruhe ....

Lesewettbewerb ....

Fahrrad ....

Nussecke ....

Hochterrasse ....

Mülleimer ....

Blaukraut ....

Motorboot ....

Bei zusammengesetzten Namenwörtern unterscheidet man das Bestimmungswort (steht vorn) und das Grundwort (steht hinten).

Beispiel: Haus | Tür

Das **Bestimmungswort** vorn bestimmt die Tür näher. Es handelt sich nämlich um die Tür von einem Haus.

„Tür“ ist das **Grundwort**. Im Grunde geht es also um eine Tür.

Finde neue Wortzusammensetzungen, indem du nur das Bestimmungswort änderst.

.... tür .... tür .... tür

.... tür .... tür .... tür

Bilde je 3 zusammengesetzte Namenwörter.

mit dem Grundwort „Salat“

....

mit dem Bestimmungswort „Zauber“

....

Finde sinnvolle 3-fach zusammengesetzte Namenwörter. Verbinde sie im Kasten und schreibe sie in die Zeilen.

Tuch, Zahn, Löwe, Platz, Kinder, Sauna, Regen, Bogen, Sonne, Fisch, Wein, Hand, Spiel, Berg, Blume, Kern, Salat, Schnecke

Kinderspielplatz

Trenne die Wörterschlange sinnvoll, aber so wenig wie möglich.

G A R T E N Z A U N F A R B E W E I S S W U R S T S E N F G L A S
F E R N R O H R R E I N I G E R S C H O K O L A D E N K U C H E N
W E T T E S S E N R I N G E L B L U M E N C R E M E T O P F

Die 4 Fälle des Namenworts

Mit folgenden 4 Fragen kannst du herausfinden, in welchem Fall ein Namenwort steht.

Wer oder was?	**1. Fall (Nominativ)**
Wessen?	**2. Fall (Genitiv)**
Wem?	**3. Fall (Dativ)**
Wen oder was?	**4. Fall (Akkusativ)**

Untersuche die folgenden Sätze. Schreibe in die Klammer, in welchem Fall das NW steht.

Die Ziege (1F) meckert.

Der Affe (1F) schlägt einen Purzelbaum (4F).

Der Hund (1F) bringt dem Herrn (3F) die Zeitung (4F).

Pferde (1F) lieben Apfelbäume (4F).

Die Leine (1F) des Esels (2F) ist zu kurz.

Des Vogels (2F) Federn (1F) fliegen durch die Luft (4F).

Der Hamster (1F) nagt an den Stäben (3F) des Käfigs (2F).

Bilde 4 Sätze mit dem Namenwort „Schlange“.
In jedem Satz muss „Schlange“ in einem anderen Fall stehen.

Die Schlange ist groß

Der B

Frage nach den Fällen der unterstrichenen Namenwörter.
Bilde vollständige Fragesätze und schreibe sie auf.

In einer Vollmondnacht hat <u>ein Junge</u> einen Traum.

....

....

Er startet <u>eine Rakete</u> und fliegt in den Weltraum.

....

....

Während des Fluges begegnet ihm <u>eine Sternschnuppe</u>.

....

....

„Seht ihr das Funkeln <u>der Himmelskörper</u>?“, ruft er begeistert.

....

....

Dann gibt er <u>der Rakete</u> eine andere Richtung.

....

....

Nach einem langen Flug lässt er <u>die Rakete</u> wieder zu Hause landen.

....

....

Die Sternschnuppe schenkt er voller Freude <u>seinen Eltern</u>.

....

....

Zeitwörter (Verben)

Tunwörter heißen auch Zeitwörter, weil sie in verschiedenen Zeiten stehen können, und weil man erkennt, in welcher Zeit etwas geschieht. Es gibt regelmäßige und unregelmäßige Zeitwörter.

Regelmäßige Zeitwörter
werden durch Anhängen von -te in die 1. Vergangenheit gesetzt.

Unregelmäßige Zeitwörter
sind schwieriger zu verändern. Du musst ihre Vergangenheitsformen auswendig lernen und üben.

Regelmäßige Zeitwörter

Setze diese regelmäßigen Zeitwörter in die 1. Vergangenheit.

Gegenwart	1. Vergangenheit
ich schimpfe	ich ...
ich überquere	
ich träume	
ich verletze	
ich wähle	
ich drehe	
ich verbrauche	
ich blicke	
ich rühre	
ich entdecke	
ich schüttle	

Unregelmäßige Zeitwörter

Lies das Zeitwort in der 1. Spalte und verdecke die anderen Spalten mit einem undurchsichtigen Papier. Sprich die fehlenden Formen laut und mehrmals vor dich hin. Wie müssen die 1. Vergangenheit und 2. Vergangenheit richtig lauten?

Gegenwart	1. Vergangenheit	2. Vergangenheit
ich krieche	ich kroch	ich bin gekrochen
ich friere	ich fror	ich habe gefroren
ich biege	ich bog	ich habe gebogen
ich rieche	ich roch	ich habe gerochen
ich schiebe	ich schob	ich habe geschoben
ich schließe	ich schloss	ich habe geschlossen
ich gieße	ich goss	ich habe gegossen
ich fliege	ich flog	ich bin geflogen
ich fließe	ich floss	ich bin geflossen
ich beginne	ich begann	ich habe begonnen
ich gewinne	ich gewann	ich habe gewonnen
ich schwimme	ich schwamm	ich bin geschwommen
ich empfinde	ich empfand	ich habe empfunden
ich binde	ich band	ich habe gebunden
ich singe	ich sang	ich habe gesungen
ich trinke	ich trank	ich habe getrunken
ich brenne	ich brannte	ich habe gebrannt
ich renne	ich rannte	ich bin gerannt
ich kenne	ich kannte	ich habe gekannt

ich fresse	ich fraß	ich habe gefressen
ich messe	ich maß	ich habe gemessen
ich esse	ich aß	ich habe gegessen
ich gebe	ich gab	ich habe gegeben
ich beiße	ich biss	ich habe gebissen
ich reiße	ich riss	ich habe gerissen
ich heiße	ich hieß	ich habe geheißen
ich fange	ich fing	ich habe gefangen
ich rate	ich riet	ich habe geraten
ich laufe	ich lief	ich bin gelaufen
ich schlafe	ich schlief	ich habe geschlafen
ich lasse	ich ließ	ich habe gelassen
ich sehe	ich sah	ich habe gesehen
ich lese	ich las	ich habe gelesen
ich stehe	ich stand	ich habe gestanden
ich hänge	ich hing	ich habe gehangen
ich nehme	ich nahm	ich habe genommen
ich liege	ich lag	ich habe gelegen
ich kann	ich konnte	ich habe gekonnt
ich komme	ich kam	ich bin gekommen
ich fahre	ich fuhr	ich bin gefahren
ich bin	ich war	ich bin gewesen

Leite zur Übung zu jedem Zeitwort ein Namenwort ab.

Das Zeitwort und die persönlichen Fürwörter

Das persönliche Fürwort (Personalpronomen) vor einem Zeitwort gibt an, welche Person oder welche Personen etwas tun.

Beuge die Zeitwörter durch die verschiedenen Personen.

	schimpfen	nehmen	singen
Einzahl			
1. Person (ich)	....	....	....
2. Person (du)	....	....	....
3. Person (er / sie / es)	....	....	....
Mehrzahl			
1. Person (wir)	....	....	....
2. Person (ihr)	....	....	....
3. Person (sie)	....	....	....

	sein	müssen	hängen
Einzahl			
1. Person (ich)	....	....	....
2. Person (du)	....	....	....
3. Person (er / sie / es)	....	....	....
Mehrzahl			
1. Person (wir)	....	....	....
2. Person (ihr)	....	....	....
3. Person (sie)	....	....	....

Zeitwort–Wortfelder

Zu einem Wortfeld gehören lauter Wörter, die eine ähnliche Bedeutung haben. Ähnlich, aber nicht gleich! Deshalb kannst du dich mit Hilfe der Wörter ganz genau ausdrücken.

Die Zeitwörter in diesen Sätzen gehören alle zum Wortfeld „gehen“. Kreuze an, welches Zeitwort am besten zum Satz passt.

Das kleine Mädchen
- ☐ schlendert auf den Spielplatz.
- ☐ saust auf den Spielplatz.
- ☐ schlurft auf den Spielplatz.

Das dicke Nilpferd
- ☐ tänzelt zum Fluss.
- ☐ trippelt zum Fluss.
- ☐ stampft zum Fluss.

Der böse Dieb
- ☐ schleicht ins Haus.
- ☐ hinkt ins Haus.
- ☐ hüpft ins Haus.

Finde viele weitere Wörter zum Wortfeld „gehen“.

schlendern, sausen, schlurfen, tänzeln, trippeln, stampfen, schleichen, hinken, hüpfen, …

....

....

....

Vom Zeitwort zur Wortfamilie

Mit Hilfe von Vorsilben und Nachsilben kannst du von einem Zeitwort viele verwandte Wörter ableiten, die zu einer Wortfamilie gehören. Sie haben den gleichen Wortstamm. Dabei kann sich im Wortstamm der Selbstlaut verändern.

Beispiele: Die Wortfamilie „**lachen**“, Wortstamm **lach-**, **läch-**

Zeitwörter: anlachen, auslachen
Eigenschaftswörter: lachhaft, lächerlich
Namenwörter: das Lachen, das Gelächter
Zusammengesetzte Namenwörter: das Lachgesicht, die Lachnummer

Welche der folgenden Wortbausteine kannst du mit den Zeitwörtern „sorgen“ und „holen“ sinnvoll verbinden? Probiere sie der Reihe nach durch. Sprich die Wörter laut und deutlich vor dich hin.

Vorsilben für alle Wortarten		Nachsilben für Eigenschaftswörter
vor-,	wieder-	-lich,
ab-,	ver-,	-ig,
weg-,	ein-,	-haft,
aus-,	be-,	-bar,
auf-,	er-,	-isch,
ent-,	für-,	-sam,
ge-,	um-,	-los,
un-,		-voll
miss-,		
nach-,		**Nachsilben für Namenwörter**
durch-,		
unter-,		
zu-,		-ung,
bei-,		-heit,
zer-,		-keit,
über,-		-nis,
gegen-,		-(er)ei,
an-,		-schaft,

Schreibe nun alle Wörter aus den Wortfamilien „sorgen“ und „holen“, die dir eingefallen sind, hier auf.

Wortfamilie „sorgen“

Der Wortstamm heißt:

Wortfamilie „holen“

Der Wortstamm heißt:

Ergänze die fehlenden Zeitwortformen.

Gegenwart	1. Vergangenheit
ich gehe	
	er schlief
wir schimpfen	
	sie froren
sie beißt	
	du klettertest
ich lasse	
	sie heizte
er verletzt	

2. Vergangenheit	Zukunft
	es wird fressen
ich habe vergessen	
ihr habt geglüht	
	du wirst erlauben
sie haben gekühlt	
	es wird leuchten
er hat gedreht	
	du wirst gießen
	du wirst wechseln

Eigenschaftswörter (Adjektive)

Eigenschaftswörter beschreiben Dinge genauer. Versuche immer, möglichst treffende Eigenschaftswörter zu verwenden. Eigenschaftswörter können verschiedene Endungen haben, z. B. -lich, -ig, -los, -voll, -haft, -sam …

Welchen der Sätze kannst du dir lebhafter vorstellen? Kreuze an.

☐ Der Panther springt schön vom Baum.
☐ Der Panther springt geschmeidig vom Baum.

Treffende Eigenschaftswörter findest du durch Wortfeldarbeit. Suche nach Wörtern zum Wortfeld „schön".

Der Elefant ist ~~schön.~~ ⇒ ....

Die Vase ist schön. ⇒ ....

Der Urlaub war schön. ⇒ ....

Das Auto ist schön. ⇒ ....

Das Kleid ist schön. ⇒ ....

Die Wohnung ist schön. ⇒ ....

Die Blume ist schön. ⇒ ....

Das Buch ist schön. ⇒ ....

Das Baby ist schön. ⇒ ....

Eigenschaftswörter steigern

Durch Eigenschaftswörter kannst du Dinge miteinander vergleichen.

Grundstufe	Höherstufe	Höchststufe

so groß wie	größer als	am größten

Vergleichswörter

Ergänze die Tabelle. Vergiss die Vergleichswörter nicht.

Zeitwort	Grundstufe	Höherstufe	Höchststufe
kalt	so kalt wie	kälter als	am kältesten
ehrlich			
deutlich			
fleißig			
dick			
kühl			
glatt			
tief			
ruhig			

Manche Eigenschaftswörter werden unregelmäßig gesteigert.

Beispiel:

viel → mehr → am meisten
gut → besser → am besten
gern → lieber → am liebsten

Fehleralarm !!!

In der Höchststufe wird oft ein „r“ eingebaut, wo gar keins hingehört. Nur Eigenschaftswörter, die in der Grundstufe ein „r“ am Ende haben, behalten es auch in der Höchststufe.

Beispiel:

sauber → am saubersten
sicher → am sichersten
sauer → am sauersten

Ergänze die fehlenden Stufen.

breit		
trocken		
spät		
kräftig		
bequem		
	besser	
	näher	
	dreckiger	
		am meisten
		am dicksten
		am sichersten

Zusammengesetzte Eigenschaftswörter

Ein Eigenschaftswort kann mit einem Namenwort oder einem Zeitwort oder einem weiteren Eigenschaftswort verbunden werden.

Beispiel: federleicht = die Feder + leicht (NW + EW)
schreibsicher = schreiben + sicher (ZW + EW)
hellblau = hell + blau (EW + EW)

Zusammensetzungen von Namenwörtern und Eigenschaftswörtern können die Eigenschaftswörter verstärken.

Beispiel: blitzschnell – so schnell wie der Blitz

Aus welchen Wortarten sind folgende Eigenschaftswörter zusammengesetzt? Trage die Wörter in die Spalten ein.

wieselflink, staubtrocken, schreibfaul, kleinlaut, flaschengrün, süßsauer, springlebendig, turmhoch, bitterböse, stinksauer, bärenstark, steinalt

NW + EW	ZW + EW	EW + EW

Wörter verwandeln

Leite die fehlenden Wortarten ab.

Namenwort	Zeitwort	Eigenschaftswort
die Eile		
		flüssig
der Haufen		
	fühlen	
die Liebe		
	kratzen	
		rostig
der Zauber		
	regnen	
		schmutzig
die Nähe		
	ängstigen	

Satzarten

Du kennst 4 Satzarten:

Erzählsatz – Im Erzählsatz teilst du etwas mit.
Fragesatz – Im Fragesatz stellst du eine Frage.
Aufforderungssatz (Befehl) – Im Aufforderungssatz möchtest du etwas erreichen oder sogar Befehle erteilen.
Ausrufesatz – Im Ausrufesatz drückst du Gefühle aus oder gibst dem Satzinhalt einen besonderen Nachdruck.

Lies die Sätze und setze das richtige Satzzeichen.

Die Klasse 4b plant einen Schulausflug

Lisa: „Juhu, wir fahren auf den Abenteuerspielplatz “

Peter: „Um wie viel Uhr treffen wir uns “

Lehrerin: „Seid bitte am Montag um 8.00 Uhr an der Schule “

Lukas: „Hoffentlich ist das Wetter schön “

Lisa: „Ich überlege, was ich anziehen soll “

Peter: „Zieh auf jeden Fall feste Schuhe an “

Lukas: „Und nimm deine Regenjacke mit “

Lisa: „In meinem Rucksack ist eine Menge Platz “

Lukas: „Nimmst du deinen Fotoapparat mit “

Lukas weiß, dass Peter einen neuen Fotoapparat zum Geburtstag bekommen hat

Peter: „Na klar, die Fotos werden bestimmt super “

Satzglieder

Satzglieder erkennst du, indem du einen Satz so oft wie möglich umstellst. Wörter, die dabei immer in der gleichen Reihenfolge zusammenbleiben, bilden zusammen ein Satzglied.

Beispiele:

Satzglieder, die aus einem Wort bestehen:

1	1	1	
Ich	backe	Kuchen	.

Satzglieder, die aus mehreren Wörtern bestehen:

3	1	2	
Die nette Lehrerin	verteilt	bunte Zettel	.

Finde die Satzglieder durch Umstellen. Rahme sie mit Bleistift ein.

Peter verbringt seinen Urlaub in Italien.

Der Angler wartet geduldig auf den ersten Fisch.

Die Skigruppe nimmt sicherheitshalber eine neue Route.

Trotz leichter Kopfschmerzen geht Lisa in die Schule.

Wenn die Gießkanne voll ist, kannst du den Hahn zudrehen.

Dem großen, starken Nick steht Tom hilflos gegenüber.

Als Fußballspieler muss Tim mehrmals wöchentlich trainieren.

Ralf und seine Freunde machen laute Musik.

Am Samstag Nachmittag geht Familie Schmidt ins Freibad.

Die Satzaussage (Prädikat)

**Die Satzaussage (Sa) ist ein wichtiges Satzglied.
Sie besteht immer aus einem Zeitwort
und / oder einem Hilfszeitwort.**

Beispiele:

Peter spielt .

Peter hat im Park gespielt .

Er hat einen neuen Tennisball .

Der Ball hüpft , federt und fliegt .

Unterstreiche die Satzaussagen.

Heute ist Sonntag. Zum Frühstück gibt es frische Brötchen und Eier. Mutter holt eine Tischdecke. Vater stellt eine Blumenvase auf den Tisch. Nina bringt die Tassen und Teller herein. Oma hat bereits gestern frische Waffeln gebacken. Die kleinen Erdbeertörtchen sind ebenfalls gut gelungen. Wo bleibt der Kakao? Wir müssen doch bald zum Handballspiel fahren! Hoffentlich kommen wir nicht zu spät! Nina schnappt sich das letzte Brötchen und packt es in den Rucksack. „Tschüss, Oma, bis später“, sagt sie. Oma winkt, wischt den Tisch ab und macht es sich gemütlich.

Der Satzgegenstand (Subjekt)

Der Satzgegenstand (Sg) ist ein wichtiges Satzglied.
Du fragst mit „wer oder was" nach ihm.

Beispiele:

[Susi] malt.

[Das Bild] wird richtig bunt.

Bestimmt ist [die Ölkreide] teuer gewesen.

[Frau Bauer] hat sie in einem Kunstladen gekauft.

Hast [du] auch etwas für Kunst übrig?

Unterstreiche in folgenden Sätzen den Satzgegenstand.

Auf dem Bauernhof

Susi verbringt ein Wochenende auf dem Bauernhof. Unglaublich!

Da spazieren Enten zur Tür herein. Und wie lustig sie watscheln!

Die Hühner gackern laut und laufen aufgeregt über den Hof.

Am lustigsten ist der Hahn, wenn er auf dem Misthaufen kräht.

Bald werden die Schweine gefüttert und die Ställe gesäubert.

Ob Susi wohl helfen darf?

Diesen Urlaub wird sie wohl nie vergessen!

Ergänzungen – weitere Satzglieder

Bisher kennst du den Satzgegenstand (Satzergänzung im 1. Fall) und die Satzaussage (Verb und/oder Hilfsverb). Jetzt kommen weitere Satzergänzungen dazu: die Satzergänzungen im 3. Fall (Dativobjekt, SE/3.F.) und im 4. Fall (Akkusativobjekt, SE/4.F.).

Beispiel:

	3. Fall	4. Fall	
Die guten Noten ihrer Enkelin machen	der Oma	große Freude	.

Lies die Sätze, finde die SE im 1., 3. und 4. Fall und kreise sie ein. Schreibe über jede Ergänzung den richtigen Fall.

Die Schuhe hat Lisa ihrer Schwester geschenkt.

Der Gärtner schneidet die Obstbäume der Apfelplantage.

Rosi backt ihrer Freundin einen Kuchen.

Der freche Fritz nimmt den Mund gern recht voll.

Am liebsten mag Anna Erdbeerkuchen mit viel Schlagsahne.

Marco schenkt seiner Oma ein selbst gemaltes Bild.

Der Bauer füttert die Hühner und melkt die Kühe.

Hasenohren sind länger als Mäuseohren.

Ortsangaben (OA) und Zeitangaben (ZA) – weitere Satzglieder

Ortsangaben (OA) bestimmst du durch die Fragen „wo?“, „wohin?“, „woher?“.
Zeitangaben (ZA) bestimmst du durch die Fragen „wann?“, „wie oft?“, „wie lange?“.

Beispiele:

Die Freunde gehen in den Tiergarten .

Wohin gehen die Freunde? – „in den Tiergarten“ = Ortsangabe

Tante Elli kommt gegen Abend mit dem Zug.

Wann kommt Tante Elli mit dem Zug? – „gegen Abend“ = Zeitangabe

Umrahme in folgenden Sätzen die Ortsangaben und Zeitangaben und schreibe das richtige Fragewort darüber.

Ganz früh am Morgen steigt der Jäger auf seinen Hochsitz.

Auf der Leiter hört er plötzlich ein Geräusch.

Zweimal hintereinander ertönt ein leises Winseln aus dem Gebüsch.

Der Jäger klettert hinunter und geht zur Hecke.

Dort findet er eine Hundemutter mit zwei niedlichen Welpen.

Er bleibt hinter einem Strauch stehen, um die Hundefamilie nicht zu stören.

Seite 2 1. Konkrete NW: z. B.: der Baum, das Haus, der Hund, das Fenster Abstrakte NW: z. B.: das Gefühl, der Hunger, die Hoffnung, die Zeit 2. die Ängste, die Bahn, die Blicke, der Spaß, die Gefühle, der Fluss, die Gewitter; die Zeugnisse, das Ziel, die Schlüssel, der Strauß, die Schrecken, der Schalter, die Vereine

Seite 3 die Hoffnung, die Neuigkeit/die Neuheit, die Wirklichkeit, die Führung, die Information, die Erwartung

Seite 4 1. Sammelname: Schuhe; diese Wörter gehören nicht dazu: Wollsocken, Gürtel. Sammelname: Wassertiere; diese Wörter gehören nicht dazu: Zebra, Elefant 2. Sportzubehör: z. B.: Fußball, Skischuhe, Tennisschläger, Schlitten, Ski, Skistöcke, Snowboard, Tennisball, Fußballtor, Schlittschuhe, Basketballkorb ... Gefühle: z. B.:Traurigkeit, Fröhlichkeit, Ärger, Freude, Heiterkeit, Wut, Langeweile, Unmut, Angst ...

Seite 5 Unterstreiche: ein paar, vier, viele, alle, eine, mehrere, einige, Paar, wenige, ein Dutzend, bestimmte ZW: vier, eine, Paar, ein Dutzend, hundertzehn unbestimmte ZW: ein paar, viele, alle, mehrere, einige, wenige, zahlreich, unzählige

Seite 6 Großtante: groß + die Tante (EW+NW), Schreibtisch: schreiben + der Tisch (ZW+NW), Kühltruhe: kühlen + die Truhe (ZW+NW), Lesewettbewerb: lesen + der Wettbewerb (ZW+NW), Fahrrad: fahren + das Rad (ZW+NW), Nussecke: die Nuss + die Ecke (NW+NW), Hochterrasse: hoch + die Terrasse (EW+NW), Mülleimer: der Müll + der Eimer (NW+NW), Blaukraut: blau + das Kraut (EW+NW), Motorboot: der Motor + das Boot (NW+NW)

Seite 7 1. z. B.: Autotür, Balkontür, Glastür, Zimmertür, Küchentür, Holztür ... 2. Grundwort „Salat": z. B.: Kopfsalat, Gurkensalat, Tomatensalat ... Bestimmungswort „Zauber": z. B.: Zauberstab, Zauberhut, Zauberspruch ...

Seite 8 1. Kinderspielplatz, Sonnenblumenkern, Löwenzahnsalat, Regenbogenfisch, Weinbergschnecke, Saunahandtuch 2. Gartenzaunfarbe, Weißwurstsenfglas, Fernrohrreiniger, Schokoladenkuchenwettessen, Ringelblumencremetopf

Seite 9 1. die Ziege (1. F.), der Affe (1. F.), Purzelbaum (4. F.), der Hund (1. F.), dem Herrn (3. F.), die Zeitung (4. F.), Pferde (1. F.), Apfelbäume (4. F.), des Esels (2. F.), des Vogels (2. F.), die Luft (4. F.), den Stäben (3. F.), des Käfigs (2. F.) 2. Beispiele: Die Schlange (1. F.) schlängelt sich durch den Urwald. Die Haut der Schlange (2. F.) ist kalt. Der Zoowärter bringt der Schlange (3. F.) Futter. Der Frosch sieht die Schlange (4. F.) und springt ins Wasser.

Seite 10 Wer hat in einer Vollmondnacht einen Traum? Ein Junge (1. F.). Wen oder was startet er? Eine Rakete (4. F.). Wer oder was begegnet ihm während des Fluges? Eine Sternschnuppe (1. F.). Wessen Funkeln seht ihr? Der Himmelskörper (2. F.). Wem gibt er eine andere Richtung? Der Rakete (3. F.). Wen oder was lässt er nach einem langen Flug wieder zu Hause landen? Die Rakete (4. F.). Wem schenkt er die Sternschnuppe voller Freude? Seinen Eltern (3. F.).

Seite 11 ich schimpfte, ich überquerte, ich träumte, ich verletzte, ich wählte, ich drehte, ich verbrauchte, ich blickte, ich rührte, ich entdeckte, ich schüttelte

Seite 14 schimpfen: ich schimpfe, du schimpfst, er/sie/es schimpft, wir schimpfen, ihr schimpft, sie schimpfen; nehmen: ich nehme, du nimmst, er/sie/es nimmt, wir nehmen, ihr nehmt, sie nehmen; singen: ich singe, du singst, er/sie/es singt, wir singen, ihr singt, sie singen; sein: ich bin, du bist, er/sie/es ist, wir sind, ihr seid, sie sind; müssen: ich muss, du musst, er/sie/es muss, wir müssen, ihr müsst, sie müssen; hängen: ich hänge, du hängst, er/sie/es hängt, wir hängen, ihr hängt, sie hängen

Seite 15 1. Das kleine Mädchen saust auf den Spielplatz. Das dicke Nilpferd stampft zum Fluss. Der böse Dieb schleicht ins Haus. 2. z. B.: rennen, laufen, humpeln, bummeln, rasen, stolpern, rutschen, springen, stolzieren, eilen ...

Seite 17 **Wortfamilie sorgen:** z. B.: ZW: versorgen, besorgen, vorsorgen, entsorgen, umsorgen ... ; EW: sorgenvoll, sorgsam, sorgfältig, sorglos, sorgenfrei, sorgenschwer ... ; NW: die Sorge, die Besorgung, die Versorgung, die Vorsorge ... ; zusammengesetzte NW: die Sorgenfalte, das Sorgenkind, das Sorgerecht ... ; Wortstamm: sorg- . **Wortfamilie „holen":** z. B.: ZW: herbeiholen, überholen, einholen, nachholen, hereinholen, abholen, erholen, ausholen, aufholen ... ; EW: erholsam, erholungsbedürftig ... ; NW: Erholung, Abholung,

Überholung … ; zusammengesetzte NW: Überholvorgang, Erholungsaufenthalt, Erholungspause, Erholungsreise … ; Wortstamm: hol- .

Seite 18/19

ich gehe, ich ging, ich bin gegangen, ich werde gehen; – es frisst, es fraß, es hat gefressen, es wird fressen; – er schläft, er schlief, er hat geschlafen, er wird schlafen; – ich vergesse, ich vergaß, ich habe vergessen, ich werde vergessen; – wir schimpfen, wir schimpften, wir haben geschimpft, wir werden schimpfen; – sie frieren, sie froren, sie haben gefroren, sie werden frieren; – ihr glüht, ihr glühtet, ihr habt geglüht, ihr werdet glühen; – du erlaubst, du erlaubtest, du hast erlaubt, du wirst erlauben; – sie beißt, sie biss, sie hat gebissen, sie wird beißen; – du kletterst, du klettertest, du bist geklettert, du wirst klettern; – sie kühlen, sie kühlten, sie haben gekühlt, sie werden kühlen; – es leuchtet, es leuchtete, es hat geleuchtet, es wird leuchten; – ich lasse, ich ließ, ich habe gelassen, ich werde lassen; – sie heizt, sie heizte, sie hat geheizt, sie wird heizen; – er dreht, er drehte, er hat gedreht, er wird drehen; – du gießt, du gossest, du hast gegossen, du wirst gießen; – er verletzt, er verletzte, er hat verletzt, er wird verletzen; – du wechselst, du wechseltest, du hast gewechselt, du wirst wechseln

Seite 20

1. Der Panther springt geschmeidig vom Baum. 2. z. B.: Der Elefant ist imposant. Die Vase ist hübsch. Der Urlaub war wunderbar. Das Auto ist elegant. Das Kleid ist schick. Die Wohnung ist gemütlich. Die Blume ist bezaubernd. Das Buch ist spannend. Das Baby ist niedlich.

Seite 21

so ehrlich wie, ehrlicher als, am ehrlichsten; – so deutlich wie, deutlicher als, am deutlichsten; – so fleißig wie, fleißiger als, am fleißigsten; – so dick wie, dicker als, am dicksten; – so kühl wie, kühler als, am kühlsten; – so glatt wie, glatter als, am glattesten; – so tief wie, tiefer als, am tiefsten; – so ruhig wie, ruhiger als, am ruhigsten

Seite 22

breit, breiter, am breitesten; – trocken, trockener, am trockensten; – spät, später, am spätesten; – kräftig, kräftiger, am kräftigsten; – bequem, bequemer, am bequemsten; – gut, besser, am besten; – nah, näher, am nächsten; – dreckig, dreckiger, am dreckigsten; – viel, mehr, am meisten; – dick, dicker, am dicksten; – sicher, sicherer, am sichersten

Seite 23

NW+EW: das Wiesel + flink, der Staub + trocken, die Flasche + grün, der Turm + hoch, der Bär + stark, der Stein + alt; **ZW+EW:** schreiben + faul, springen + lebendig, stinken + sauer; **EW+EW:** klein + laut, süß + sauer, bitter + böse

Seite 24

die Eile, eilen, eilig; – die Flüssigkeit, fließen, flüssig; – der Haufen, häufen, häufig; – das Gefühl, fühlen, gefühlvoll; – die Liebe, lieben, liebevoll; – der Kratzer, kratzen, kratzig; – der Rost, rosten, rostig; – der Zauber, zaubern, zauberhaft; – der Regen, regnen, regnerisch; – der Schmutz, schmutzen, schmutzig; – die Nähe, nähern, nah; – die Angst, ängstigen, ängstlich

Seite 25

Setze ein: . ! ? ! ! . ! ! . ? . !

Seite 26

Peter / verbringt / seinen Urlaub / in Italien. Der Angler / wartet / geduldig / auf den ersten Fisch. Die Skigruppe / nimmt / sicherheitshalber / eine neue Route. Trotz leichter Kopfschmerzen / geht / Lisa / in die Schule. Wenn die Gießkanne voll ist, / kannst / du / den Hahn / zudrehen. Dem großen, starken Nick / steht / Tom / hilflos / gegenüber. Als Fußballspieler / muss / Tim / mehrmals wöchentlich / trainieren. Ralf und seine Freunde / machen / laute Musik. Am Samstag Nachmittag / geht / Familie Schmidt / ins Freibad.

Seite 27

ist; gibt; holt; stellt; bringt; hat gebacken; sind gelungen; bleibt; müssen fahren; kommen; schnappt, packt; sagt; winkt, wischt ab, macht

Seite 28

Susi; Enten; sie; die Hühner; der Hahn, er; die Schweine, die Ställe; Susi; sie

Seite 29

die Schuhe (E./4.F.), Lisa (E./1.F.), ihrer Schwester (E./3.F.); – der Gärtner (E./1.F.), die Obstbäume der Apfelplantage (E./4.F.); – Rosi (E./1.F.), ihrer Freundin (E./3.F.), einen Kuchen (E./4.F.); – der freche Fritz (E./1.F.), den Mund (E./4.F.); – Anna (E./1.F.), Erdbeerkuchen mit viel Schlagsahne (E./4.F.); – Marco (E./1.F.), seiner Oma (E./3.F.), ein selbst gemaltes Bild (E./4.F.); – der Bauer (E./1.F.), die Hühner (E./4.F.), die Kühe (E./4.F.); – Hasenohren (E./1.F.) sind länger als Mäuseohren (E./1.F.)

Seite 30

Wann? Ganz früh am Morgen. Wohin? Auf seinen Hochsitz. Wo? Auf der Leiter. Wie oft? Zweimal hintereinander. Woher? Aus dem Gebüsch. Wohin? Zur Hecke. Wo? Dort. Wo? Hinter einem Strauch.

1. Test

1. Leite von folgenden Namenwörtern (Nomen) die Eigenschaftswörter (Adjektive) ab. Welche enden auf -ig, welche auf -lich? Trage die Wörter richtig in die Spalten ein. Pass auf: Bei einem Nomen sind beide Endungen möglich.

Hunger, Farbe, Liebe, Sommer, Schmutz, Haar, Wind, Monat, Ende, Weib, Herbst, Gier, Mut

-lich	-ig
Ärger ärgerlich	Samt samtig
....	....
....	....
....	....
....	....
....	....
....	....
....	....

2. Finde je fünf Beispiele zum Wortfeld „sagen“:

a) freundlich sagen:

....

b) unfreundlich sagen:

....

3. Unterstreiche das Zeitwort. Schreibe die Zeitstufe darüber (G = Gegenwart, 1.V. = 1. Vergangenheit).
Schreibe das Zeitwort in der Grundform daneben.

Großvater isst gerne Schokolade. ....

Tim überwand sich und hechtete ins Wasser. ....

Lina ist ein schlaues Mädchen. ....

Das Pferd galoppiert auf der Weide. ....

Gestern war ein schöner Tag. ....

Gabi spielt ein Lied und singt. ....

4. In einem Kaufhaus gibt es die verschiedensten Dinge.
Finde drei Sammelnamen. Schreibe die richtigen Begriffe dazu.

Hut, Kissenbezug, Mütze, Daunendecke, Handy, Stirnband, CD-Player, Gameboy, Betttuch

Sammelname:
....

Begriffe:
....

Sammelname:
....

Begriffe:
....

Sammelname:
....

Begriffe:
....

2. Test

1. Untersuche die Wortarten in der Wörterschlange und trage die Wörter in die Spalten ein. Achte auf die Schreibweise.

HORSTLAUFENSÄGESCHÜCHTERNOFTKNIRSCHEN
GARSTIGZWEIMALHUTBLAUFURCHTLOSHALLESELTEN

Namenwörter	Zeitwörter	Eigenschaftwörter	Zahlwörter
....	....	....	....
....	....	....	....
....	....	....	....
....	....	....	....

2. Setze die Sätze in die Gegenwart und 1. Vergangenheit.

Der Elefant hat einen Eimer Wasser getrunken.

....

....

Du bist in eine Pfütze getreten.

....

....

Ihr habt wirklich Glück gehabt.

....

....

3. Unterstreiche in folgenden Sätzen die Satzaussage rot und den Satzgegenstand blau.

Heute backt Lisa einen Geburtstagskuchen für ihre Freundin Mona.

Mona mag am liebsten Schokoladenkuchen.

Nehme ich lieber eine Tafel Schokolade oder zwei?

Wie lecker der Kuchen aussieht!

4. Bilde aus folgenden Wörtern vier verschiedene Satzarten und verwende die richtigen Satzzeichen.

Polizist – Dieb – erwischen

....

....

....

....

5. Kennzeichne die einzelnen Satzglieder durch Schrägstriche.

Sandro hüpft auf einem alten runden Trampolin.

Ratsch! Die gefederte Sprungfläche hat einen Riss.

Geschickt weicht Sandro zur Seite aus.

Zum Glück hat sich der junge Sportler nicht verletzt!

Vielleicht kauft Sandros Vater ein neues Trampolin.

3. Test

1. In der ersten Spalte stehen lauter Zeitwörter aus dem Wortfeld „sehen“. Sie sind ähnlich, aber nicht gleich. Überlege, welche Bedeutungen die einzelnen Wörter haben können. Es können mehrere Merkmale sein. Setze Kreuze in die Felder der Tabelle.

	dumm	wütend	neugierig	vergnügt
schauen				
anblitzen				
anblicken				
anstarren				
glotzen				
betrachten				
zwinkern				

2. Setze passende Zeitwörter in die Lücken ein. Arbeite zuerst alle Sätze im Kopf durch.

lesen, schmökern, studieren, sich vertiefen, verschlingen, vortragen, buchstabieren

Wer sich in Biologie gut auskennen möchte, muss die Schulbücher

gründlich ....

Die Kinder sitzen gemütlich auf dem Sofa und ....

in ihrem Märchenbuch.

Oskar .... so sehr in sein Buch, dass er alles

um sich herum vergisst.

Anna .... am liebsten spannende Krimis.

Im Unterricht .... Lukas ein Gedicht ....

Der kleine Junge von nebenan .... schon erste Wörter.

Nina ist eine Leseratte, sie .... täglich ein Buch.

3. Finde passende Fragewörter zu folgenden Orts- und Zeitangaben.

jeden Freitag .... ?	bis Schulschluss .... ?
ab Januar .... ?	in die Alpen .... ?
Jahr für Jahr .... ?	aus der Tasche .... ?

4. Setze in die 2. Vergangenheit (2.V.) und in die Zukunft (Z.).

Am Freitag habe ich Gitarrenstunde.

2.V. ....

Z. ....

Mein Geburtstag ist der schönste Tag des Jahres.

2.V. ....

Z. ....

4. Test

1. Bestimme die Satzarten dieser Sätze.

Heute gehen Lilo und Tim in den Zoo. ....

„Nimmst du deinen Fotoapparat mit?“ ....

„Klar, die Bilder werden bestimmt klasse!“ ....

„Geh’ aber nicht so nah an den Löwenkäfig heran!“ ....

„Huch, bist du ein Angsthase!“ ....

2. Verkürze folgende Sätze so weit wie möglich.

Mein Bruder spielt mit seinen Freunden auf dem Sportplatz.

....

Tante Erna isst Pommes mit Ketschup und zum Nachtisch ein Eis.

....

3. Erweitere folgende Sätze um je drei Satzglieder.

Fridolin pfeift.

....

Der Zug fährt.

....

4. Leite von jedem Namenwort (NW) ein Eigenschaftswort (EW) ab. Leite von jedem Zeitwort (ZW) ein Namenwort ab.

NW	EW	ZW	NW
Anhöhe	....	wässern	....
Berg	....	verrohen	....
Aussicht	....	korrigieren	....
Nachlass	....	sammeln	....
Mensch	....	haben	....
Gewalt	....	veredeln	....

5. Du kennst die persönlichen Fürwörter. Welche passen zum Tunwort?

....	lasst	....	fühlst
....	entdecken	....	impfe
....	kämmen	....	kratzt
....	stellst her	....	seht fern
....	siehst fern	....	dürft

6. Unterstreiche die Satzergänzung im 3. Fall (SE / 3.F.) grün. Unterstreiche die Satzergänzung im 4. Fall (SE / 4.F.) blau.

Der Bruder des Lehrers hat uns sein Auto verkauft.

Wenn die Sonne scheint, bringen die Enten den Küken das Schwimmen bei.

5. Test

1. Beuge folgende Zeitwörter durch alle Personen in der ersten und zweiten Vergangenheit.

haben

1. Vergangenheit	2. Vergangenheit
....	....
....	....
....	....
....	....
....	....
....	....

sein

1. Vergangenheit	2. Vergangenheit
....	....
....	....
....	....
....	....
....	....
....	....

2. Unterstreiche die Satzaussage.

Du bist ein guter Schwimmer gewesen.

Ich habe auf der Skihütte großen Spaß gehabt.

Er ist nach der Schule direkt nach Hause gegangen.

3. Erweitere folgende Sätze um je zwei Ortsangaben.

Die Schüler planen einen Ausflug.

....

....

Die Eltern verstecken das Osternest.

....

....

4. Ergänze folgende Sätze um je eine Zeitangabe.

Tommis Schwester ist auf die Welt gekommen.

....

Der Bankangestellte hat seine Prüfung abgelegt.

....

5. Fülle die Spalten.

NW	EW	ZW
Bruch		
Rätsel		
		fließen
	wolkig	
Maler		

6. Test

1. Bestimme die Wortart der unterstrichenen Wörter genau.

Die Gemeinde errichtete einen herrlichen Maibaum.

Er war dreimal so hoch wie die Schule.

Die = ...	Gemeinde = ...
errichtete = ...	einen = ...
Er = ...	dreimal = ...
hoch = ...	wie = ...

2. Ersetze in den Sätzen die Satzaussage durch zwei andere Zeitwörter, ohne dass sich der Sinn ändert.

Ein Rabe sitzt auf dem morschen Ast.

.... wird ersetzt durch .... oder ....

Der Kellner bringt den Tee auf einem Tablett.

.... wird ersetzt durch .... oder ....

3. Finde die drei Steigerungsstufen der zwei unterstrichenen Wörter.

Mir geht es viel besser.

.... , ... , ...

.... , ... , ...

4. Suche Wortpaare, die das Gegenteil ausdrücken.
Finde passende Nachsilben zu den Wortstämmen und bilde EW.

positiv	negativ
kraft	kraft ....
herz	herz ....
scham	scham ....
freud	freud ....
glück	glück ....
furcht	furcht ....

5. Bilde mit den vorgegebenen Wörtern die vorgegebenen Satzarten.

Aufforderungssatz: treiben – Peter – Kuh – Weide

....

Fragesatz: braun – Milch – Kuh – geben

....

Ausrufesatz: aufziehen – Himmel – Gewitter

....

6. Schreibe den Sammelnamen auf und streiche den Begriff, der nicht dazu passt.

Klavier, Harfe, Xylophon, Säge, Trommel

Sammelname: ....

7. Test

1. Bilde den Gegensatz zu folgenden Wörtern.

Preisanhebung ....

weit ....

ängstlich ....

lachen ....

glücklich ....

frieren ....

verdoppeln ....

2. Bestimme die unterstrichenen Satzglieder.

Am Morgen gab Susanne die Schlüssel

ihrer Schwester und ritt zum See.

Am Morgen = ...

gab = ...

Susanne = ...

die Schlüssel = ...

ihrer Schwester = ...

ritt = ...

zum See = ...

3. Setze geeignete Eigenschaftswörter in der vorgegebenen Steigerungsform in die Lücken.

a) = Höchststufe – b) = Höherstufe

a) Die .... Märchen findet man in den .... Büchern.

b) Wer .... Haare hat, muss sie auch .... pflegen.

4. Bilde Sätze nach folgenden Bauplänen.

a) Sg – Sa – E/4.F. – E/3.F.

....

....

b) Sa – Sg – E/3.F. E/4.F.

....

....

c) E/4.F. – Sa – Sg – E/3.F.

....

....

5. Setze folgende Zeitwörter in die 2. Pers. Einzahl und in die 2. Pers. Mehrzahl (Gegenwart).

laufen .... , ...

sein .... , ...

1. Test

1. -lich: farblich, lieblich, sommerlich, monatlich, endlich, weiblich, herbstlich; -ig: hungrig, farbig, schmutzig, haarig, windig, gierig, mutig 2. a) z. B.: rufen, sprechen, auffordern, bitten, fragen; b) z. B.: schimpfen, drohen, schreien, brüllen, befehlen 3. isst (G), essen; – überwand (1.V.), überwinden; – hechtete (1.V.), hechten; – ist (G), sein; – galoppiert (G), galoppieren; – war (1.V.), sein; – spielt (G), spielen; – singt (G), singen 4. Sammelname Kopfbedeckung: Hut, Mütze, Stirnband; Sammelname elektronische Geräte: CD-Player, Handy, Gameboy; Sammelname Bettzeug: Kissenbezug, Daunendecke, Betttuch

2. Test

1. Namenwörter: Horst, Säge, Hut, Halle; Zeitwörter: laufen, knirschen; Eigenschaftswörter: schüchtern, garstig, blau, furchtlos; Zahlwörter: oft, zweimal, selten 2. G: Der Elefant trinkt einen Eimer Wasser. 1.V.: Der Elefant trank einen Eimer Wasser. – G: Du trittst in eine Pfütze. 1.V.: Du tratst in eine Pfütze. – G.: Ihr habt wirklich Glück. 1.V.: Ihr hattet wirklich Glück. 3. Lisa (SG) backt (SA); – Mona (SG) mag (SA); – ich (SG) nehme (SA); – Kuchen (SG) aussieht (SA) 4. Erzählsatz: Der Polizist erwischte den Dieb. Fragesatz: Hat der Polizist den Dieb erwischt? Aufforderungssatz: Polizist, erwische den Dieb! Ausrufesatz: Hoffentlich erwischt der Polizist den Dieb! 5. Sandro / hüpft / auf einem alten runden Trampolin. Ratsch! Die gefederte Sprungfläche / hat / einen Riss. Geschickt / weicht / Sandro / zur Seite / aus. Zum Glück / hat / sich / der junge Sportler / nicht verletzt! Vielleicht / kauft / Sandros Vater / ein neues Trampolin.

3. Test

1. schauen: dumm, wütend, neugierig, vergnügt; anblitzen: wütend, vergnügt; anblicken: wütend, neugierig, vergnügt; anstarren: dumm, wütend, neugierig; glotzen: dumm, neugierig; betrachten: neugierig, vergnügt; zwinkern: vergnügt 2. Wer sich im Biologie gut auskennen möchte, muss die Bücher gründlich studieren. Die Kinder sitzen gemütlich auf dem Sofa und schmökern im Märchenbuch. Oskar vertieft sich so sehr in sein Buch, dass er alles um sich herum vergisst. Anna liest am liebsten spannende Krimis. Im Unterricht trägt Lukas ein Gedicht vor. Der kleine Junge von nebenan buchstabiert schon erste Wörter. Nina ist eine Leseratte, sie verschlingt täglich ein Buch. 3. Wann? Wie oft? Jeden Freitag. Wann? Ab Januar. Wie lange? Jahr für Jahr. Wie lange? Bis Schulschluss. Wohin? In die Alpen. Woher? Aus der Tasche. 4. Am Freitag habe ich Gitarrenstunde gehabt. Am Freitag werde ich Gitarrenstunde haben. – Mein Geburtstag ist der schönste Tag des Jahres gewesen. Mein Geburtstag wird der schönste Tag des Jahres sein.

4.Test

1. Erzählsatz, Fragesatz, Ausrufesatz, Aufforderungssatz, Ausrufesatz 2. Mein Bruder spielt. Tante Erna isst. 3. Beispiele: Morgens pfeift Fridolin fröhlich auf seiner Pfeife. Der Zug fährt am Montag um 11.30 Uhr nach Berlin. 4. hoch, bergig, sichtbar, nachlässig, menschlich, gewaltig; Wasser, Verrohung, Korrektur, Sammlung, Habe, Veredelung. 5. ihr, wir/sie, wir/sie, du, du, du, ich, du/er/sie/es/ihr, ihr, ihr 6. uns (SE/3.F.); sein Auto (SE/4.F.); den Küken (SE/3.F.); das Schwimmen (SE/4.F.)

5. Test

1. haben: 1.V.: ich hatte, du hattest, er/sie/es hatte, wir hatten, ihr hattet, sie hatten; – 2.V.: ich habe gehabt, du hast gehabt, er/sie/es hat gehabt, wir haben gehabt, ihr habt gehabt, sie haben gehabt. sein: 1. V.: ich war, du warst, er/sie/es war, wir waren, ihr wart, sie waren; – 2.V.: ich bin gewesen, du bist gewesen, er/sie/es ist gewesen, wir sind gewesen, ihr seid gewesen, sie sind gewesen 2. bist ... gewesen, habe ... gehabt, ist ... gegangen 3. z. B.: Im Landschulheim planen die Schüler einen Ausflug zur Burg Schreckenstein. Die Eltern verstecken das Osternest in einem Blumenbeet im Garten. 4. z. B.: Am 30. Mai ist Tommis Schwester auf die Welt gekommen. Der Bankangestellte hat im Oktober seine Prüfung abgelegt. 5. Bruch, brüchig, brechen; – Rätsel, rätselhaft, raten; – Fluss, flüssig, fließen; – Wolke, wolkig, bewölken; – Maler, malerisch, malen

6. Test

1. Die (best. Begleiter), Gemeinde (NW), errichtete (ZW), einen (unbest. Begleiter), Er (persönl. Fürwort) dreimal (Zahlwort), hoch (EW), wie (Vergleichswort) 2. sitzt: hockt, kauert; bringt: serviert, trägt 3. viel, mehr, am meisten; – gut, besser, am besten 4. kraftvoll, kraftlos; – herzlich, herzlos; – schamhaft, schamlos; – freudig, freudlos; – glücklich, glücklos; – furchtsam, furchtlos 5. Peter, treibe die Kuh auf die Weide! Gibt die braune Kuh Milch? Am Himmel zieht ein Gewitter auf! 6. Sammelname: Musikinstrumente. Die Säge ist kein Instrument.

7. Test

1. Preissenkung, eng, mutig, weinen, traurig, schwitzen, halbieren 2. Am Morgen (Zeitangabe), gab (SA), Susanne (SG), die Schlüssel (E./4.F.), ihrer Schwester (E./3.F.), ritt (SA), zum See (Ortsangabe). 3. a) schönsten, ältesten; b) längere, besser 4. z. B.: Markus gibt den Knochen dem Hund. Gibst du mir mein Buch? Ihr Lieblingsbuch leiht Eva ihrer Freundin. 5. du läufst, ihr lauft; – du bist, ihr seid

Birgit Fuchs ist Grundschulpädagogin, Mutter von drei Kindern und seit vielen Jahren erfolgreiche Verfasserin von schulbegleitenden Lernheften, Elternratgebern und Lernspielkompendien für Lehrer. Während ihrer Lehrtätigkeit an Grundschulen und natürlich auch als Mutter mit Grundschülern im eigenen Haus erkannte sie, wie wichtig es ist, Kinder zum Lernen zu motivieren. Dies gelingt durch spielerische Übungsformen, aber auch durch die Förderung eines gewissen Leistungsanspruchs der Schüler an sich selbst. Lernfreude durch Erfolg, das ist das Motto der Autorin. So liegen ihr die sichere Kenntnis des Lernstoffs, die Flexibilität im Umgang mit Testfragen sowie die Stressminderung durch rechtzeitige Vorbereitung ebenso am Herzen wie der Spaß am Lernen selbst.
In der Reihe **Lern mit für den Übertritt** wurden all diese Grundvoraussetzungen für ein erfolgreiches Lerntraining umgesetzt. Sie soll Ihr Kind sicher durch den übertrittsrelevanten Stoff der Grundschule führen, damit der Übergang an das Gymnasium oder an andere weiterführende Schulen problemlos gelingt.

In der Reihe **Lern mit für den Übertritt** sind folgende Titel erschienen:

Von Birgit Fuchs sind außerdem folgende Reihen im Tessloff Verlag erschienen:

Tessloffs Verkehrsschule
Mit Tessloffs Verkehrsschule lernen Kinder im Grundschulalter wichtige Regeln des Straßenverkehrs kennen und trainieren das richtige Verhalten auf der Straße. Ob mit dem Fahrrad oder zu Fuß: So ist Ihr Kind sicher unterwegs.

Grundschulbande
Die Grundschulbande, das sind Grips, der schlaue Rabe, Lilo, das lustige Schwein, Tom, der starke Löwe, Bubu, der dicke Bär und Clementine, die kleine Maus. Mit vielen Tipps und Tricks begleiten die fünf Freunde Grundschulkinder durch den Lernstoff der 1. und 2. Klasse.

Grundschulbande Quiz
Hier können Grundschulkinder der 1. und 2. Klasse ihr Wissen anhand von gezielt ausgewählten und am Lehrplan orientierten Aufgaben überprüfen. Die bekannten Figuren der Grundschulbande sorgen dafür, dass Spaß am Lernen immer mit dabei ist.